LES ÉDITIONS CARDINAL

PRÉSENTENT

TROIS FOIS PAR JOUR

UN PEU PLUS VÉGÉ

PAR

MARILOU

3 fois par jour

UN PEU PLUS VÉGÉ

cardinal

TROIS FOIS PAR JOUR — UN PEU PLUS VÉGÉ
Marilou

————

Directrice de création et textes : Marilou
Photographes : Marilou et Justine Marc-Aurèle
Photographe de la couverture : Justine Marc-Aurèle
Retouches des photographies : Justine Marc-Aurèle
Consultante culinaire : Véronique Paradis
Chefs et stylistes culinaires : Geneviève Paradis-Michaud et Véronique Paradis
Directrice artistique et designer graphique : Frédérique Brunet-Doré
Styliste et accessoiriste : Justine Marc-Aurèle
Graphiste : Guillaume Provost
Éditrice : Emilie Villeneuve
Réviseures et correctrices d'épreuves : Mélanie Dubé et Violaine Ducharme
Coordonnatrices : Sofia Oukass, Marie Des Roches, Jeannie Gravel et Mathilde Bessière
Nutritionniste : Annie Ferland

Un ouvrage sous la direction éditoriale d'Antoine Ross Trempe

————

Publié par :
LES ÉDITIONS CARDINAL
7240, rue Saint-Hubert
Montréal (Québec) H2R 2N1
www.editions-cardinal.ca

Dépôt légal : 2020
Bibliothèque et Archives nationales du Québec
Bibliothèque et Archives Canada
ISBN : 978-2-925078-00-5

Nous reconnaissons l'aide financière du gouvernement du Québec - Crédit d'impôt
remboursable pour l'édition de livre et programme d'Aide à l'édition et à la promotion - SODEC.

Financé par le gouvernement du Canada
Funded by the Government of Canada

ISBN : 978-2-925078-00-5
IMPRIMÉ AU CANADA

CHACUN
SON RYTHME

La responsabilité qui vient avec la conscience n'est pas une mince affaire à assumer. Parfois, on préfère se fermer les yeux et rester dans notre zone de confort plutôt que de les ouvrir grands. Probablement par peur de ce qu'on pourrait découvrir de nouveau, parce que le nouveau et l'inconnu font peur. On préfère raconter et entendre des histoires qui parlent de ce qu'on sait déjà, de peur que la nouveauté et la conscience nous obligent à faire des changements ou à regretter de ne pas en avoir fait plus tôt.

Ce réflexe de vouloir me fermer les yeux, je vous l'avoue, je l'ai eu et je l'ai encore par rapport à ma manière de consommer en général. Et ça inclut tout ce que je décide de mettre dans mon assiette.

Quand j'y pense, j'ai l'impression que j'ai tant à apprendre que ça me décourage. J'ai l'impression que je fais si peu, que je me sens inutile. J'ai l'impression que je ne sais plus qui croire et ça me rend amère. Et surtout, j'ai l'impression que peu importe ce que je ferai comme changement, je me ferai juger.

Et je crois qu'ultimement, j'ai peur de ce jugement. On en a tous peur, au fond. C'est confortable de mettre des étiquettes, sur nous et sur les autres, parce qu'on aime connaître, ou du moins, penser qu'on connaît.

Mais ce sont ces étiquettes que j'ai moi-même fait l'effort de laisser tomber en entreprenant la création de ce livre et que je vous prie de laisser tomber, à votre tour, en le feuilletant. Parce qu'il ne s'agit pas d'une vérité, d'un équilibre parfait, d'une réponse ou d'une solution, mais bien d'un outil pour accompagner les gens à réduire leur consommation de viande, peu importe leurs motifs, leur rythme ou leurs croyances.

Manger moins de viande, sans juger ceux qui en consomment moins ou plus que nous, est-ce si utopique ? Se poser des questions, vouloir ouvrir nos yeux tous ensemble, essayer, changer, transformer, s'influencer.

La division, quelle qu'en soit la cause, m'attriste toujours. Lorsque je vois se dessiner devant mes yeux des clans bien divisés et campés sur leurs positions, c'est-à-dire ceux qui mangent de la viande et ceux qui n'en mangent pas, j'ai l'impression qu'on passe à côté de quelque chose. Et c'est en pensant à ça que j'ai été motivée par le concept d'unité et de partage en créant des recettes facilement adaptables, pour tous les goûts et surtout pour toutes les convictions.

Ce livre, c'est un peu ma façon d'assumer un cheminement qui va trop vite pour certains et pas assez pour d'autres, mais qui est le mien. C'est ma façon de poser un geste concret pour la santé de la planète et des humains qui l'habitent, en amorçant un questionnement et peut-être même un changement chez ceux qui me liront.

—

MARILOU